[illegible]

[illegible]ONDISSEMENT DE BEAUNE

AU

COMBAT D'ES-SÉROUDJ

(21 Mars 1871)

[illegible] DU JOUR DU Lᵗ-COLONEL TRUMELET

Publié par

Louis FOURNIER

BEAUNE
IMPRIMERIE H. LAMBERT
1891

LES MOBILISÉS

DE

L'ARRONDISSEMENT DE BEAUNE

A LA MÉMOIRE

DES

MOBILISÉS DE L'ARRONDISSEMENT

DE

BEAUNE

MORTS AU COMBAT D'ES-SÉROUDJ

(21 Mars 1871)

Tiré à 100 Exemplaires, dont :

2 sur papier de Chine ;

12 sur papier du Japon ;

86 sur papier vergé.

N° ________

LES MOBILISÉS

DE

L'ARRONDISSEMENT DE BEAUNE

AU

COMBAT D'ES-SÉROUDJ

(21 Mars 1871)

ORDRE DU JOUR DU L[T]-COLONEL TRUMELET

Publié par

Louis FOURNIER

BEAUNE

IMPRIMERIE H. LAMBERT

1891

Les Mobilisés de l'arrondissement de Beaune, répartis en trois bataillons à l'effectif de 2.500 hommes, furent formés le 14 octobre 1870. Ils s'embarquaient, le 11 novembre, à Toulon, sur la *Dryade*, et deux jours après abordaient à Alger où la Casbah leur était assignée comme garnison.

Le 26 novembre, le 2e bataillon, comprenant l'arrondissement de Beaune, eut Médéah comme quartier général. Il quitta cette ville, le 13 février 1871 et vint tenir garnison à Aumale, afin de surveiller le mouvement insurrectionnel kabyle qui s'accentuait de plus en plus.

C'est dans cette dernière place qu'un détachement de 300 mobilisés appartenant aux 4e, 5e, 6e, 7e et 8e c^ies^ du 2e bataillon, reçut l'ordre du lieutenant-colonel Trumelet, commandant de la colonne expéditionnaire, de porter secours au caravansérail de l'Oued-Okris qui venait d'être attaqué (16 mars) par 12 à 1.500 Arabes et dont les défenseurs se composaient seulement de dix zouaves et un tirailleur algérien.

Cinq jours plus tard, le 21 mars, eut lieu le fameux combat d'Es-Séroudj. Nos braves compatriotes s'y conduisirent vaillamment, affrontèrent le feu, avec un courage, un entrain qu'on ne rencontre d'ordinaire que chez de vieilles troupes, et repoussèrent les indigènes après leur avoir fait éprouver de grandes pertes.

Leur bravoure a largement contribué à la répression de l'insurrection de 1871 en Algérie et nous a conservé intacte notre belle colonie.

Les Mobilisés de l'arrondissement de Beaune ont ajouté de beaux faits d'armes à ceux déjà si nombreux, accomplis par les soldats français sur cette antique terre d'Afrique. Ils se sont aussi montrés les frères, les dignes émules des Mobiles de la Côte d'Or, dont le nom glorieux appartient désormais à l'histoire et reste pour toujours attaché au mémorable siège de Paris.

De tels souvenirs ne sauraient être oubliés. On doit, au contraire, les citer comme exemples à la génération actuelle. C'est pourquoi nous donnons aujourd'hui l'Ordre du chef de la colonne d'expédition, le brave lieutenant colonel Trumelet, le promoteur de la statue élevée au sergent Blandan et qui s'est fait une place honorable au milieu des hommes qui se dévouent à l'instruction militaire de la jeunesse.

C'est à M. Berrieux, ancien commandant du 2e bataillon que nous devons de pouvoir faire cette publication. Il a eu l'excellente pensée d'envoyer, aussitôt l'accomplissement des faits qu'il relate, une copie de l'ordre du colonel à M. le Maire de Beaune. Cette copie est actuellement déposée aux archives municipales.

Chacun lira, nous l'espérons, avec intérêt ce style sobre, simple, imagé, mais néanmoins empreint d'un sentiment de réelle grandeur. Les anciens mobilisés, dont les camarades dorment le dernier sommeil au cimetière d'Aumale, reverront les lieux où ils ont combattu et se rappelleront encore davantage l'ardeur de la lutte. Ils conserveront cette brochure dans leur famille et pourront dire en la faisant lire à leurs enfants : « Faites de « même, conduisez-vous toujours en vrais pa- « triotes, en bons français. »

Ordre de la Subdivision

N° 13

Félicitations aux troupes de la garnison d'Aumale qui ont pris part aux affaires des 16 et 18 mars et au combat d'Es-Séroudj le 21 du même mois.

Le Lieutenant-Colonel Commandant la Subdivision et la colonne d'Aumale, ne veut point, faisant bon marché de notre gloire, laisser tomber dans l'oubli les actions de guerre par lesquelles les troupes de la colonne légère d'Aumale se sont honorées dans les journées des 16, 18 et 21 mars courant.

C'est donc avec la plus vive satisfaction qu'il rappellera la belle défense du caravansérail de l'Oued-Okris, par une poignée de zouaves du 1er régiment contre 12 à 1.500 hommes des contingents d'Ahmed-

Bou-Mézérach-il-Mokrani et les combats des 18 et 21 mars qui l'ont suivie.

Le 16 mars, la garnison du caravansérail de l'Oued-Okris, composée de dix zouaves du 1er régiment et d'un tirailleur algérien le nommé Ben-Mohammed, fut subitement attaquée par 12 ou 1.500 rebelles des contingents à pied du caïd Ahmed-Bou-Mézérach des Ouennouer-a-Eucherayna. Noyés au milieu de ces bandes, cette poignée de braves commandés par le zouave Allemand ne songea qu'à se défendre honorablement et à faire payer cher à l'ennemi son imprudente attaque. En effet, après deux heures et demie de combat, les rebelles renonçaient à la lutte et se retiraient avec une perte de neuf tués et de vingt à vingt-cinq blessés, laissant entre nos mains un drapeau que le zouave Pivert, dont la conduite fut héroïque pendant cette journée, alla enlever sous les balles ennemies après avoir tué le fanatique qui le portait.

Une division du 3e escadron du 1er chasseurs d'Afrique, (capitaine Ulrick), quittait Aumale le même jour, à neuf heures du soir, pour aller porter secours à la petite garnison du caravansérail de l'Oued-Okris et la ravitailler. Le chef du bureau arabe, capitaine Cartairad et l'interprète Guin, s'étaient joints, avec les spahis et les cavaliers du Makkyen à la division du 1er chasseurs qu'ils guidaient et éclairaient.

Cette troupe arrivait sous l'Oued-Okris, le 17, à trois heures du matin. L'ennemi avait abandonné les abords du caravansérail, et s'était retiré sur les pentes difficiles du Djebell-el-Afroun, à douze ou quinze kilomètres de l'Oued-Okris. Les fractions rebelles de la tribu des Beni-in-thasen l'y avaient suivi et faisaient cause commune avec lui.

Le 18 mars, la division du 1er chasseurs était chargée d'appuyer un goum de soixante-quinze chevaux dans une reconnaissance dirigée par le capitaine Cartairad sur le territoire d'Eméada, fraction des Beni-in-thasen qui avait embrassé la cause du caïd rebelle Ahmed-bou-Mézérach.

Mais, à peine le goum et les chasseurs avaient-ils paru au milieu des Méchéta (gourbis divers), que cinquante cavaliers environ et huit cents fantassins des contingents de Bou-Mézérach, furent signalés marchant sur la reconnaissance. Devant des forces aussi disproportionnées, il n'y avait pas à songer à prendre l'offensive, aussi le capitaine chef du bureau des affaires indigènes ordonna-t-il la retraite sur le caravansérail de l'Oued-Okris. Le goum fut chargé avec dix spahis du bureau arabe d'assurer le mouvement de retraite. Croyant sans doute avoir bon marché de cette poignée de Français, les cavaliers poussèrent droit aux goums qui ne tinrent pas et qui, par suite, découvrirent la position des chasseurs.

Les efforts du capitaine Cartairad et de l'interprète Guin pour ramener nos cavaliers indigènes au combat furent absolument infructueux et les spahis au contraire firent bravement leur devoir.

Mais, les fantassins de Bou-Mézérach accouraient à la lutte et la situation menaçait de devenir critique pour la division de chasseurs. Le capitaine Ulrick l'arrêta sur un terrain favorable et elle fit résolument tête à l'ennemi qui se grossissait d'instant en instant.

Stupéfaits de tant d'audace, cavaliers et fantassins suspendirent leur attaque. La division ayant continué son mouvement de retraite sur le caravansérail, les rebelles reprirent leurs feux avec un rare acharnement, bien que se tenant pourtant à distance.

Les chasseurs durent encore s'arrêter et faire face aux assaillants pour les contenir. Là, nos braves cavaliers firent subir à l'ennemi des pertes sérieuses. Enhardis par la fuite du goum que l'interprète Guin chercha encore une fois mais vainement, à ramener au combat, les rebelles devinrent de plus en plus pressants et parurent vouloir menacer la ligne de retraite de la reconnaissance. Il devenait urgent de déjouer ces projets ; un peloton de chasseurs mit pied à terre et prit position sur une colline rocheuse qui s'élève à l'est du caravansérail ; l'autre peloton fut chargé de la garde des chevaux.

Là, les chasseurs parvinrent par la précision de leurs feux, à arrêter les progrès de l'ennemi. C'est en ce point que le maréchal-des-logis Julien, dont la conduite fut digne d'éloges pendant toute cette journée, fut atteint d'une balle qui lui traversa l'épaule. Le brigadier Robert, des chasseurs et le spahi Mohammed-ben-Saïdi, du 1er régiment, y furent également blessés, mais sans gravité.

Après avoir arrêté l'ennemi pendant une demi-heure, la division de chasseurs reprenait sa marche sur le caravansérail où elle arrivait vers quatre heures du soir. Une portion des contingents de Bou-Mézérach, qui paraissait vouloir continuer la lutte, échangea du plomb avec la garnison du caravansérail jusqu'à cinq heures et demie du soir ; mais reconnaissant l'inutilité et le danger de cette tentative, les rebelles se retirèrent avec une perte d'une vingtaine de morts et un assez grand nombre de blessés. La garnison du caravansérail hâtait leur retraite par une sortie qu'elle poussa jusqu'à un kilomètre de ce poste.

Nos pertes pendant cette journée se

bornaient à trois blessés; quatre chevaux du goum avaient été atteints.

La division de chasseurs intelligemment conduite par le capitaine Ulrick, que secondèrent parfaitement le lieutenant Flahaut et le sous-lieutenant Nicolas, montra tour à tour dans cette journée de l'Oued-Okris, une intrépidité, un calme et un sangfroid qui eussent fait honneur à de vieilles troupes : qualités militaires qui sont d'ailleurs dans les traditions du 1er chasseurs d'Afrique.

Mais, en présence des forces sans cesse croissantes de l'ennemi, du mauvais esprit dont étaient animées nos tribus de l'Est, voisines du foyer insurectionnel, et du manque de solidité de notre goum, la position de la division du 1er chasseurs pouvait devenir périlleuse et il y avait lieu de parer à cette situation soit en la rappelant à Aumale, soit en allant à elle avec les quelques troupes composant la garnison de cette place.

Ce fut à ce dernier parti que s'arrêta le commandant de la subdivision. En conséquence, une colonne légère formée des troupes de la garnison et composée de trois cents hommes du 2e bataillon des mobilisés de l'arrondissement de Beaune (Côte-d'Or), commandant Berrieux, d'un peloton du 3e escadron du 1er chasseurs d'Afrique (sous-lieutenant Jouve), d'un obusier de montagne de 18 de calibre, et d'une section d'ambulance (docteur Guenot), partait d'Aumale, le 20 mars pour se rendre à l'Oued-Okris où elle dressait ses tentes à quatre heures et demie du soir.

A minuit, le commandant de la colonne recevait l'ordre du Commandant supérieur des forces de terre et de mer, de rentrer à Aumale sans délai. Cet ordre était motivé par la situation politique du pays qui de jour en jour devenait plus menaçante et par la faiblesse numérique des moyens d'action dont disposait le commandant de la colonne, comparativement à ceux que pouvaient réunir instantanément les contingents. Mais, une retraite directe sur Aumale devait produire indubitablement le plus mauvais effet sur les populations arabes du pays que la colonne avait à traverser.

Elle pouvait être le signal d'un soulèvement, en ce sens que le mouvement rétrograde n'eût pas manqué d'être interprété par l'ennemi comme un aveu de la faiblesse numérique de la colonne, et, dans ces conditions, il eut été plus qu'imprudent de revenir sur Aumale par la route directe de l'Oued-Okris, laquelle est ravinée et boisée sur une grande partie de son parcours.

Le commandant de la colonne chercha donc les moyens de sortir le plus honorablement et le plus avantageusement possible de la situation qui lui était faite.

Sachant que Bou-Mézérach campait avec ses contingents à huit kilomètres de son camp de l'Oued-Okris, le lieutenant-colonel commandant la colonne résolut d'opérer sa retraite par une ligne qui lui permît d'appuyer un coup de main que voulait tenter le caïd des Ouled-Msallem, pour dégager sa famille qui était au pouvoir du chef des rebelles, lequel occupait la Neyla de ce caïd ; cette direction permettait également au commandant de la colonne de protéger les fractions qui voulaient nous rester fidèles et d'empêcher la défection de celles qui étaient hésitantes.

L'opération qui avait pour but la délivrance de la famille du caïd El-Abdallah-ben-Guelliel devait être tentée par le goum, appuyé par les fantassins des Ouled-Msallem, et soutenu à distance par le 3e escadron (capitaine Ulrick), du 1er chasseurs d'Afrique, lequel sous aucun prétexte ne devait être engagé.

Les capitaines Cartairad et Belot du bureau arabe marchaient avec le goum et les fantassins qui quittaient le camp de l'Oued-Okris vers trois heures du matin ; l'escadron de chasseurs suivait de près les forces indigènes. L'infanterie levait son camp quelques instants après et prenait la même direction que le goum et l'escadron. La marche de l'infanterie fut réglée et combinée de façon que le commandant de la colonne arriva de sa personne à hauteur du campement de Bou-Mézérack au moment présumé de son attaque par le goum.

Le but du commandant de la colonne était de soutenir au besoin l'escadron de chasseurs et de faciliter sa retraite au cas où le goum lâchant pied, comme à la journée du 18 mars, l'eût obligé de s'engager.

A l'arrivée du goum sur la Neyla du caïd des Ouled-Msallem, le rebelle Ahmed-bou-Mézérack, avisé sans doute de la marche de la colonne avait déjà quitté son campement pour aller occuper son unique ligne de retraite. Le goum et les fantassins des Ouled-Msallem engagèrent néanmoins l'attaque avec les contingents ennemis. Mais les fantassins de cette tribu ayant lâché pied dès le début, le goum attaqué par des forces supérieures n'avait pas tardé lui-même à reculer. Pour empêcher le goum de prendre la fuite et peut-être de passer à l'ennemi, il était urgent de le soutenir. C'est alors que l'escadron de chasseurs entra en ligne.

L'action se passait sur un point boisé, raviné, du territoire de la tribu des Ouled-Msallem, nommé Es-Séroudj. L'aide que lui prêtait cet escadron rendit la confiance aux goums et contribua à rétablir les affaires. Mais les contingents ennemis se grossissant d'instant en instant et la position de cet escadron menaçant, malgré la valeur qu'il déployait, de devenir critique, le chef des affaires indigènes crut devoir aviser sans retard le commandant de la colonne qui précisément arrivait en ce moment à hauteur du champ de la lutte. Il fit faire immédiatement tête de colonne à gauche à son infanterie et la porta en toute hâte sur le lieu de l'action dont il était éloigné de deux kilomètres environ. Il était temps, car la mollesse de l'attaque du goum avait rendu extrêmement périlleuse la position de l'escadron de chasseurs que l'ennemi cherchait à envelopper.

En ce moment, M. le capitaine Belot, adjoint au bureau arabe avait déjà trouvé la mort en se jetant héroïquement sur la ligne des tirailleurs ennemis.

Le champ du combat était loin d'être favorable à notre attaque ; épaissement boisé et affreusement raviné, avec une ligne de retraite dominée sur tout son parcours et profondément encaissée, ligne particulièrement propre aux embuscades ; ce terrain pouvait nous devenir fatal si nous n'avions promptement raison des contingents ennemis que la voix de la poudre multipliait d'instant en instant et appelait irrésistiblement au combat.

Les efforts du commandant de la colonne devaient donc tendre, après avoir dégagé l'escadron, à déplacer le théâtre de la lutte, et à le transporter sur un point plus favorable à notre action ; il fallait, au plus tôt, sortir de ce bois fatal et essayer d'entraîner l'ennemi en terrain découvert.

Le commandant de la colonne engagea immédiatement la 4e cie de mobilisés (capitaine Alotte), et la 5e cie (capitaine André), qui furent jetées en tirailleurs sur le front de l'ennemi avec mission de le contenir de ce côté.

La 6e cie (lieutenant Royer), se déploya face à gauche et perpendiculairement aux 4e et 5e cies. Elle devait observer le Chabel-el-Behebed, profond ravin boisé par lequel les rebelles menaçaient de tourner notre position.

La 7e cie (capitaine Bidault) et la 8e (capitaine Girard) furent laissées momentanément en réserve. L'escadron du 1er chasseurs et le goum furent ralliés dans une clairière en arrière des compagnies de réserve.

Les fantassins des Ouled-Msallem furent placés en seconde ligne sur une crête boisée qui commandait l'Oued-ed-Dis, profond ravin très fourré qui se prolongeait sur notre droite et par lequel l'ennemi pouvait se glisser et déboucher sur notre ligne de retraite. La pièce de montagne fut mise sur son affût et tenue prête à être dirigée là où son action serait le plus efficace.

Le convoi et l'ambulance furent massés sur un mouvement de terrain isolé dans une position centrale et à proximité de la ligne de retraite. Les mobilisés entamèrent le combat sans hésiter et avec l'aplomb de vieilles troupes ayant l'habitude du feu. Ni les cris, ni la sauvagerie étrange de la manière de combattre de l'ennemi ne les ébranlèrent ni ne les troublèrent ; des deux côtés la lutte se fit instantanément ardente, acharnée, implacable ; les crépitations de la mousqueterie, le sifflement des obus, les injures de l'ennemi à ses adversaires, le cri de nos fantassins des Ouled-Msallem, tous ces bruits sinistres de la guerre semblaient au contraire exalter les mobilisés, qui, lorsque leurs fusils étaient vides, se ruaient sur les rebelles à la baïonnette.

Un contrefort boisé, noué au Djebel et qui s'allongeant de l'est à l'ouest bornait au sud le champ du combat, fut pris, quitté et repris par trois fois différentes. La dernière fois ce fut en passant sur les cadavres ennemis que les rebelles n'avaient pas eu le temps d'enlever que les mobilisés s'emparèrent de la redoutable crête.

Repoussés sur la première face, les

rebelles se répandirent dans les ravins qui limitaient le champ du combat et surgirent nombreux et acharnés sur nos flancs, au-delà des positions tenues par la 6ᵉ cⁱᵉ des mobilisés et par les fantassins des Ouled-Msallem.

Une division du 1ᵉʳ chasseurs d'Afrique dut mettre pied à terre pour faire face à l'ennemi qui se montrait sur notre gauche par le Chabel-el-Behebed ; vigoureusement conduite par le lieutenant Flahaut, cette division prouva une fois de plus en culbutant les rebelles dans le ravin d'Ed-Djeb, que nos chasseurs d'Afrique savent dans l'occasion unir à la valeur et à l'intrépidité du cavalier, l'élan et la solidité du fantassin.

Les rebelles tentèrent le même mouvement par l'Oued-Dis, ravin qui se prolongeait sur notre flanc droit et qui était gardé par nos contingents des Ouled-Msallem. Mal contenu par ces fantassins, l'ennemi faisait de ce côté des progrès sérieux et il devenait urgent de parer à cette situation.

La 7ᵉ cⁱᵉ des mobilisés (capitaine Bidault) fut envoyée au soutien des fantassins indigènes qui reprirent courage et qui, avec l'aide de nos soldats parvinrent à repousser cette attaque des rebelles. Mais chassé de ce côté, l'ennemi tenta, en se glissant dans le ravin profond et embroussaillé d'Oued-Dis, de s'établir sur notre ligne de retraite.

La 8e c^{ie} (capitaine Girard), s'y porta rapidement et fit déjouer par sa résolution et sa vigueur cette tentative des rebelles.

Le combat était dès lors engagé sur trois faces du carré. Le goum se sentant soutenu fut bientôt pris par l'ivresse de la poudre ; vigoureusement entraînés et intelligemment dirigés par le capitaine Cartairad, bien secondés par l'interprète Guin, nos cavaliers indigènes se ruèrent haut le fusil, malgré les difficultés du terrain, sur la ligne des tirailleurs ennemis qu'ils fusillèrent et sabrèrent sans pitié. Là, caïds, spahis et cavaliers du Makkyen déployèrent une brillante intrépidité.

Le tir de l'obusier de montagne fut habilement dirigé par l'artificier Coquet et le canonnier Alonnier de la 1re batterie (bis) du 3e d'artillerie, qui montrèrent pendant tout le combat, un admirable sang-froid et beaucoup d'audace. Blessés tous deux, l'un à la main, l'autre à la hanche, ils n'en continuèrent pas moins leur feu avec une précision qui causa des ravages sérieux parmi les bandes ennemies. Le sergent Alaux, de la 2e c^{ie} de discipline, détaché sur sa demande pour commander l'escouade du 1er zouaves formant le soutien de l'artillerie, se fit remarquer par son intrépidité et sa vigueur et maintint à distance les tirailleurs ennemis, qui, à plusieurs reprises, tentèrent de s'emparer de la pièce.

La lutte continua impétueuse et prit bientôt des proportions qui menaçaient de dépasser le but que se proposait le commandant de la colonne. Emportés par leur ardeur, les mobilisés audacieux jusqu'à la témérité, engagèrent sur plusieurs points le combat corps à corps ; la baïonnette fit son œuvre, sourdement et sans bruit.

Quelques adroits tireurs profitant habilement des accidents du terrain firent éprouver à l'ennemi des pertes dont il se souviendra. C'est ainsi que le garde Collas, de la 5e cie, remarquable tireur et doué d'un admirable sangfroid, abattit dix rebelles en quelques instants.

Après deux heures d'un combat dans lequel toute la colonne fut successivement engagée, et le but que se proposait le lieutenant-colonel étant atteint et au delà, d'un autre côté, le châtiment infligé à l'ennemi lui paraissant suffisant, il fit sonner la retraite, mais les mobilisés dont l'ardeur était portée à l'excès ne pouvaient point se décider à lâcher prise et ce n'est qu'après une demi-heure de ce rappel que le lieutenant-colonel parvint à les arracher à la lutte et à les masser en dehors de la forêt d'Es-Séroudj. C'est à cette généreuse ténacité surtout que les mobilisés de la Côte-d'Or (Beaune), durent en partie les regrettables pertes qu'ils firent à ce combat.

On estime à 1.500 ou 2.000 le nombre des rebelles que les 400 hommes composant la colonne eurent devant eux pendant la dernière heure de l'action. Tous dans cette journée d'Es-Séroudj, se conduisirent bravement, et le seul reproche qu'avait à leur adresser le commandant de la colonne, c'est d'avoir montré tant de témérité et trop de mépris du danger.

Il veut cependant citer ceux qui eurent l'occasion de se distinguer d'une manière toute particulière.

Dans la 4e cie (capitaine Alotte), qui fut brillamment engagée dès son arrivée sur le terrain de l'action, les gardes Pierre Pierre, grièvement blessé à la tête, Mercier Jean-Baptiste, Mairet Célestin, tous deux blessés, Hébert Edouard, qui délivra deux de ses camarades tombés entre les mains des rebelles ; Brunet, Villereau et le sergent-fourrier Rouard, se firent remarquer par leur bravoure et leur sang-froid.

Le lieutenant Misserey a bravement enlevé sa section et montré du sang-froid en même temps que de la résolution. Cette compagnie qui fut cruellement éprouvée perdit huit hommes tués à l'ennemi.

Vigoureusement entraînée et intelligemment dirigée par son capitaine, M. André, la 5e compagnie se conduisit très honorablement et avec un aplomb que l'on rencontre rarement au même degré chez de jeunes troupes.

Toujours sur la ligne de ses tirailleurs, le capitaine André qui est un officier d'entrain et d'énergie devint bientôt le but des coups de l'ennemi. Il fut atteint de trois balles qui fort heureusement ne le touchèrent point dangereusement.

Dans cette compagnie qui a eu un homme tué, les gardes Collas Alexis, Deroye Philippe, Pacotte Auguste, Félix Pierre et Battault Claude ; ces deux derniers blessés se sont vaillamment conduits.

La 6e c^ie^, lieutenant Royer, qui a eu quatre hommes tués, s'est fait remarquer par son élan et sa ténacité. Les gardes Grillot Pierre et Marillier Pierre ont montré une remarquable bravoure.

Dans la 7e compagnie, capitaine Bidault, qui a eu trois hommes tués, les gardes Rousseau Sébastien, qui a été blessé et Joguin François, qui tua un rebelle qui cherchait à le frapper de son sabre, montrèrent beaucoup de valeur et un remarquable aplomb.

La 8e compagnie, capitaine Girard, parfaitement dirigée, a fait preuve de beaucoup de solidité et d'une grande énergie. Les gardes Vautrot Pierre et Poulet Eugène, blessés, se sont montrés pendant le combat de vigoureux soldats. Le sous-lieutenant Rousseau de la même compagnie a bien mené sa section et a su lui communiquer son élan et sa vigueur.

M. le lieutenant Prenot, du 11e de ligne, détaché au 2e bataillon de mobilisés comme instructeur et remplissant les fonctions d'adjudant-major a fait preuve pendant tout le combat d'un remarquable sang-froid, d'un mépris marqué du danger et de sérieuses qualités militaires.

M. Prenot a parfaitement secondé le commandant Berrieux dans la direction des tirailleurs suivant les places et les incidents de la lutte.

Le commandant Berrieux, soldat de Crimée et d'Italie mérite tous les éloges, d'abord pour avoir fait de ses gardes nationaux de bons et vaillants soldats et ensuite pour la manière intelligente dont ils les a dirigés pendant le combat. Le commandant Berrieux, est un bon officier de guerre et il a fait la preuve de ce qu'on peut obtenir de jeunes troupes françaises lorsqu'elles sont bien commandées et quand leur chef a su faire passer dans leurs âmes, le sentiment du devoir, de l'honneur et de l'amour de la patrie.

Dans le 3e escadron, le commandant de la colonne citera le capitaine Ulrick, bon et brave soldat voyant clair dans le danger et communiquant par son sang-froid dans l'action, de la confiance et de l'aplomb à sa troupe. Il citera également le lieutenant Flahaut et le sous-lieutenant Nicolas, ainsi que le maréchal-des-logis-chef Tasbue et les maréchaux-des-logis Julien et Bonjour qui dans les journées de l'Oued-Okris et d'Es-Séroudj ont montré une intelligente valeur et une remarquable intrépidité.

Le trompette Guion et les chasseurs Routyman et Laure, ces deux derniers blessés, se sont conduits très honorablement et en soldats d'élite.

Le capitaine Noël, du même régiment, remplissant les fonctions d'officier d'ordonnance auprès du commandant de la colonne, a transmis ses ordres sur tous les points d'engagement avec beaucoup d'intelligence, de sang-froid et de précision.

M. le docteur Guenot, médecin-major de 2e classe au 2e bataillon de mobilisés, a parfaitement dirigé la section d'ambulance active. Il a donné ses soins aux blessés sur le champ du combat avec le dévouement calme et éclairé qui est l'une des vertus des médecins militaires.

Parmi les spahis du bureau arabe et les cavaliers du goum, le commandant de la colonne citera :

El-Choni-ben-Osman,
Djal-Allah-ben-Ahmed,
Bel-Hyadi-ben-Mohammed,
qui se sont fait remarquer par leur intrépidité et leur bravoure.

Lestie-mansouri-ben-toumi, vieux et brave serviteur et les cavaliers du goum, Baruck-ben-Deboul, El-chaouein-ben-Lekal, qui ont sauvé des mains de l'ennemi, deux mobilisés blessés en les emportant sur leurs chevaux hors du champ du combat.

Le lieutenant-colonel citera encore l'adjoint civil Mohammed-ben-Abdallah, qui avait voulu le suivre sur le terrain de la lutte et qui avant et pendant le combat, lui a rendu de sérieux services.

Le combat d'Es-Séroudj qui a duré près de trois heures, et qui a été un des plus meurtriers de ceux qui se sont livrés dans ce pays-ci, a coûté à l'ennemi deux cents tués environ et un nombre de blessés que l'on ne peut préciser, mais que les Arabes avouent avoir été considérable. Ils ont perdu quelques chevaux tués ou blessés.

Nos pertes témoignent de l'acharnement à la lutte que nous avons eue ; un capitaine et seize hommes tués et un capitaine et seize hommes blessés.

Nos pertes en chevaux du 1er chasseurs et du goum, sont de trois tués et cinq blessés.

En résumé, le combat d'Es-Séroudj et les

affaires qui l'ont précédé, font honneur aux troupes de la garnison d'Aumale qui y ont pris part et le lieutenant-colonel commandant la subdivision est heureux de leur en témoigner toute sa satisfaction.

Aumale, le 22 mars 1871.

Le Lieutenant-Colonel Commandant
la Subdivision,

Signé : TRUMELET.

Certifié conforme,
Le Chef du 2e Bataillon,

Signé : BERRIEUX.

NOTES

No 1 Avant de rentrer en France, les mobilisés du 2e bataillon ont voulu laisser un souvenir de leurs camarades tombés pendant le combat d'Es-Séroudj. Ils ont élevé au cimetière d'Aumale, une pyramide rectangulaire reposant sur un socle à chanfreins.

Sur la face principale, on lit :

PERNOT, — MICHOT, — MANLAY, — MOPPERT, — MOILLARD, — FOURNIER, — CELOGNY, — BUFFENOIR, — DUCHEMIN, — FROMENTIN, — CHANGARNIER, — BLANCHARD, — LORANCHET PHILIBERT, — LORANCHET CLAUDE, — COMPAIN, caporal, — DESCHAMPS, caporal, gardes nationaux mobilisés de la Côte-d'Or, tués à l'ennemi le 21 mars 1871, au combat d'Es-Séroudj.

Sur le socle :

HOMMAGE DE LEURS CAMARADES

DE PROFUNDIS

EXTRAIT DES DÉLIBÉRATIONS DU CONSEIL MUNICIPAL DE LA VILLE DE BEAUNE.

REGISTRE DE 1872, N° 1125, P. 388.

N° 2 Le Maire donne lecture d'une lettre par laquelle MM. les Officiers du 2e bataillon des gardes nationaux mobiles de la Côte-d'Or, demandent que la Ville leur accorde gratuitement un terrain au cimetière pour élever un monument à leurs frères d'armes morts au combat d'Es-Séroudj, près Aumale (Afrique), et annonce qu'une cérémonie commémorative aura lieu le 21 courant, jour anniversaire du combat.

LE CONSEIL,

Décide qu'il répondra à l'invitation qui lui a été faite en se rendant en corps à la cérémonie et accorde gratuitement le terrain demandé.

No 3 Le 21 mars 1872, un an après le fameux combat d'Es-Séroudj, avait lieu en notre ville une cérémonie funèbre en mémoire de nos compatriotes morts en Afrique.

A dix heures, le cortège précédé de l'Harmonie de Beaune et escorté de la compagnie de sapeurs-pompiers, se rendit à l'église Notre-Dame.

M. le Sous-Préfet, M. le Maire de Beaune, M. Berrieux, commandant du 2e bataillon, les membres du Conseil municipal, étaient accompagnés de plusieurs officiers et d'un certain nombre de soldats et de mobilisés des communes voisines de Beaune.

Le service religieux terminé, le cortège se dirigea au cimetière où un cénotaphe provisoire avait été dressé par les soins de quelques mobilisés de la ville.

Arrivé près du monument, le commandant Berrieux prononça le discours suivant :

« Il y a un an aujourd'hui nous perdions dans un « terrible combat, dix-sept de nos malheureux com- « pagnons ; vous qui étiez leurs camarades d'enfance « et viviez de la même vie de famille, vous avez « apprécié mieux que moi, leurs nombreuses qualités, « mais dans ce combat, nous avons pu admirer leur « courage et leur bravoure.

« Déjà, nous savions que nos compagnons les « mobiles de la Côte-d'Or, commandés par le colonel « de Grancey, qui fut tué à leur tête, s'étaient distin- « gués au siège de Paris, et que surtout le bataillon « de l'arrondissement de Beaune s'était fait remarquer « d'une manière particulière et qu'il avait reçu du « Gouvernement de la Défense nationale des félici- « tations toutes spéciales.

« Nous savions aussi que, la garde nationale de « Dijon, commandée par le colonel Blondeau, avait « largement fait son devoir en tenant tête à une « avalanche de barbares et avait forcé un ennemi dix « fois supérieur en nombre à remettre au lendemain « son entrée dans la ville.

« Les mobilisés de l'arrondissement de Beaune, « envoyés en Afrique, ont voulu eux aussi, avoir leur « part de gloire, et une fois de plus, ils ont aussi « prouvé que la France peut dans un moment de « danger compter sur tous les enfants de la Côte-« d'Or.

« Nous vous remercions, Messieurs, au nom de « toutes les familles qui pleurent un absent, de vous « être rendus à notre invitation et c'est une douce « consolation pour nous tous, de voir une aussi « grande et honorable assemblée.

« Remercions particulièrement, M. le Sous-Préfet, « Messieurs le Maire et les Membres du Conseil « municipal, les pompiers et la musique de Beaune, « d'avoir voulu honorer par leur présence cette céré-« monie qui doit rappeler à tous les pertes doulou-« reuses que nous avons éprouvées.

« Donnons un souvenir au brave capitaine Belot, « du 32e de ligne, qui fut tué un des premiers; au « lieutenant Prenot du 11e qui est mort à Lyon des « suites de la campagne avec les mobilisés.

« Quant à moi, mobilisés, je vous remercie double-« ment et je n'oublierai jamais que c'est à vous seuls « que je dois l'insigne faveur d'être chevalier de la « Légion d'honneur.

« La vengeance est le plaisir des dieux, dit-on, et « nous pourrions craindre que cette jouissance ne « nous fut pas permise; si! Messieurs, jurons sur « cette tombe de venger nos camarades et rappelons-« nous toujours que, s'ils ne sont pas tombés sous les « coups des Allemands, c'est aux Prussiens maudits

« et à l'Empire de triste mémoire, que nous devons « le regret de les pleurer aujourd'hui ; unissons-nous « donc tous pour repousser les tentatives de tous les « partis, quels qu'ils soient, qui cherchent à renverser « la République et à faire éprouver à la France de « nouveaux malheurs, et surtout, Messieurs, soyons « forts et unis quand l'heure de la vengeance sonnera, « espérons que ce jour-là, nous pourrons crier sans « crainte : Vive la France, Vive la République. »

Puis M. Paul Bouchard, maire de Beaune dit les quelques paroles suivantes :

« Pleurons nos morts, Messieurs, pleurons avec « nos frères d'Alsace et de Lorraine, en leur disant « tout bas de bonnes et fortifiantes paroles ; pleurons « nos braves qui tombèrent sur ce champ de bataille, « héroïques victimes de cette odieuse et funeste « guerre. Versons pieusement sur eux toutes les « larmes de nos cœurs.

« Mais arrière, Messieurs, bien loin arrière toute « pensée, toute prétention à une victoire quelconque « ou au moindre succès.

« C'est la douleur qui nous rassemble, que ce soit « elle qui nous domine, non seulement en ce jour de « funèbre et sanglant souvenir, mais jusqu'à celui où « par de persévérants et puissants efforts sur nous-« mêmes, nous serons enfin parvenus à opérer notre « régénération.

« C'est ainsi que nous supplient de les honorer ceux « qui reposent ici.

« C'est ainsi que nous le demande la Patrie en « deuil.

« C'est ainsi que nous le demandent les durs « châtiments qui nous sont infligés.

« C'est ainsi que nous l'ordonnent notre dignité et « notre devoir. Aussi, plus de manifestations bruyantes, « plus de vaines paroles. Redevenons, apprenons à

« nos fils à redevenir des hommes comme étaient nos « pères. Soyons simples et modestes, silencieux et « recueillis, soyons-le en ce jour de solennelle tris- « tesse et le département de la Côte-d'Or, aura ajouté « un bon exemple à tous ceux que dans ses malheurs « la France a déjà donnés. »

Aussitôt après, M. Misserey, lieutenant de la compagnie de Nuits, celle qui fut le plus éprouvée en Afrique, termina la cérémonie en adressant de touchants adieux à ses compagnons d'armes.

www.ingramcontent.com/pod-product-compliance
Ingram Content Group UK Ltd.
Pitfield, Milton Keynes, MK11 3LW, UK
UKHW032007260826
14628UKWH00005B/2328

9 782011 270030